JEKA VREMENA

Jadranka Ivanović – Bolog

Nakladnik

BOD – Books on Demand

Recenzent

prof. Josip Prudeus

Naslovnica

fotografija pok. Elizabete Mikić – Sokolović

Herstellung und Verlag:
BoD - Books on Demand, Norderstedt
ISBN 978-3-7357-5141-6

JEKA VREMENA

Jadranka Ivanović - Bolog

BOFL i RARITET

Skupljali smo stvari velike i male, one „za poslije" i za „zlu ne trebalo",a nismo pitali pjesnika što sve u stih ugraditi može.On rekao je da je sve to bofl koji baciti trebamo, ionako na dug put ponijeti sa sobom možemo samo bol i lijepu riječ ,tako jedan raritet ponijeti se mora i nije težak.Skupljali smo stvari velike i male,od onih „za poslije" nije ništa ostalo, a za „zlu ne trebalo" zlo vrijeme ih je odnijelo...Pođoh na put i ne okrenuh se, bol me i dalje boli, ali riječ me je utješila.

NESANICA

Obukoh se u noć
jaka krila nesanice
i poletjeh daleko
u krajeve nepoznate,
tu vidjeh dan
kako cvili i skriva se,
to štene bespomoćno
što nikako da odraste...
sad već jutro je,
zar već jutro je...

JEKA

Ona poznaje naš jezik
i uvijek se vraća
na mjesto događaja

rečenica ona je
razvučena žica,
ruku raširenih
jarak dubok,
odletjela ptica
jekom uplašena

rasparalo se nebo,
presušio potok
od ponavljanja njenog

tko li je bio govornik prvi...

GIGANT

Unutrašnjost samog tebe

onaj stvarni ti si,

i kadulja i bršljan,

i ruža i drača,

lijek i otrov,

med i majčino mlijeko,

Gigant ti si

u malom tijelu siromaha,

zaspalom na

dovratku Svjetlosti

sestre tvoje...

PERJE

Preko sredine vage se gledamo

važemo se , ljuljamo,

onda se u visinu zaletimo,

pa lagano padamo

suznih očiju

što više ne možemo da poletimo

mi perje naših krila...

NE ZABORAVI....

Bojim se za tebe
kometo što padaš,
bojim se za sjećanje tvoje,

u suzi što žari
u suzi što pali
i već skoro teče
ti si krater velik
kao oko moje,

ne zaboravi me...

OPTIČKA VARKA

Plovi li to brod
ili plovi otok,
sigurno je
često se susreću
i ne vjeruju
jedno drugome
tko zapravo plovi...
Otok plovi vječno,
brod ponekad
uz obalu pristaje...
Ti budi brod,
ja ću otokom biti.

TI i JA

Otvorilo se jedno oko na zidu,
zidu u koji sam dugo gledala,
da li je to pogled zidom postao,
on gleda u mene,
ja u njega...

Otvorilo se jedno oko na zidu,

da li je to i moja misao na tebe
tebi dospjela...

ZNAK BABILONA

Ne znam tko si ti,
iz koliko ljuski izlaziš,
uvijek netko drugi
daleko od Babilona
tvog doma,
tvog izgona...
Putnik ti si!
Sve gladniji,
sve potkupljiviji,
sve potkožljiviji,
samozvani Odin!

Ne znam tko si ti,
ne želim ni znati,
samo jednog ja priznajem.

JEZIK KOJIM GOVORIMO

Zaboravih ulicu što se lijeno uvija
i gubi na uglu, što je iza njega,
možda strast slijepaca,
koji se nikad nisu prepoznali.

Zaboravih mirisnu bašču punu cvijeća
u mrtvom snu, mi jedno uz drugo,
i tvoj dubok dah na mome vratu,
zaboravih u tom snu sva ljeta i proljeća.

Zaboravih kako da probudim se,
a strašno sam mrtva bila,
tad progovorih - moj dragi -
jezikom kojim oboje govorimo.

ŽRVANJ

Negdje na svijetu
žrvanj je jedan
vrijedan i poslušan,
neumoran

on
ne pita kome,
ne pita zašto,
ne pita dokle,
niti odakle,

on žrvanj je samo...

Negdje u mraku
najcrnjeg mraka
to žito je bilo
to klice su bile
život je bio
ljudi ...

al on ne pita ništa,
nezaustavljiv,
surov
on žrvanj je samo

PUT SOLI

Otkako sam
puž u kućici
postala
savijen i uporan
zahvalna sam ti Gospode
za ovaj dalek put soli...

Doživljaj nečeg važnog,
što tek pred nama stoji,
sreća i strah su,
mir i nemir,
kip na kiši i suncu,
nesalomljiv duh
i u svoj strašnoj boli
mi svi trajanje smo
kruga beskrajnoga
i sreli smo se
već bezbroj puta
jedni sa drugima
na tom putu soli...

BEZRAMEN

Otpalo ti je rame
te hodaš bezramen
pod tamnim svodom
od zvjezda,
a svaka nešto mrmori,
trebat će ti dugo
da ih razumiješ,
dok primjetiš
da nisi više onaj isti
ni cio
i ožiljak ne prolazi

možda su te žene neke
voljele jako i tajno

to je to rame

to su te žene

bez kojih si

(puno smo obećali
a malo ljubili)

SIROMAŠNI I PRLJAVI

Poneki ljudi
često vode monologe,
onako u sebi
ili one jako glasne,
pitaju da li su
njihove molitve vrijedne,
a poneki siromašni i prljavi
ne pitaju ništa,
kao ledina
oni šute samo...
I šute oduvijek,
i šute strašno,
šute u sebi
i šute strasno,
u šutnji je
molitva najveća.

JAHAČ MJESECA

Bol je sve veća
i veća
i volja se slama,

do kraja puta
Jahač Mjeseca
nikad nije došao,

i bol je sve veća

i volja se slama

i crven je Mjesec

i crveno je nebo

i Jahač je mrtav

i Mjesec je umoran

od ljubavi...

ČEŽNJA ZA PONOROM

Izgubih nit
u drami
gdje su glavni likovi
on i ona,
pokidala se
u padanju,
u ponoru...

Njihova čežnja
jedno za drugim,
proba granica,
proba živaca
ostao je tekst
nenapisan
o čežnji za ponorom...

TI I SUNCE

Prošlog ljeta

ljubila sam Sunce

misleći na tebe,

Ti i Sunce ste isti,

bilo je opekotina,

boljelo je...

ZIMA JEDNOG JELENA

Nekako ćemo preživjeti zimu ovu
i sljedeću
i ko zna koju,
ali kako ćemo preživjeti
ovu zimu našu,
samo našu

sam Bog zna.

Ni zima jednog jelena
nije što je bila,
kora već oguljenog drveta
ne raste tako brzo...

CRVENI MAKOVI

Ako prodaš zemlju
za koricu kruha
zbog čaše suza, omče straha,
umrijet ćeš na polju
ko beskućnik
s makovima crvenim u grlu

Uzdaj se u svoje suze,
one su kiša
tvojoj žednoj njivi,
sasvim dovoljna...

Uzdaj se u svoj strah,
on je
sjeme novog ploda,
duha pobjedničkog...

samo ne uzdaj se u makove,
makovi su varalice...

TRIUMPF VENUSA

Zagrizao si u oblak
i oblak se stampedom srca
provali
Zaustavljeno vrijeme
triumpfom Venusa
puno je nade,
slatkog čekanja,

a u Boga je šutnja.

Zagrizao si u oblak
i oblak se pomjeri,
oslobođen od teškog lanca ptica,
što se uvijek sele,
ljudi koji se vječno brinu,
umornih, gladnih pasa lutalica,
mjesečeva čudna lica,
iz snova sablasne
škripe đerma...

zagrizao si u oblak
i sve sapra kiša
bujicama,
rijekama,
poljupcima...

OTUĐENJE GENA

Netko drugi ti si postao
s vojničkim korakom
u bitku svome,
zaspao čovjek
u tuđoj šumi
i nemaš straha...

ipak, sjećaš se
u kodu svoga gena

ipak, prepoznaješ sebe
sasvim drugačijeg

ipak, budiš se
sad uplašen sobom

i čini se
taj stranac u tebi
tebi je netko
jako blizak

kao otac tvoj,

zar nemaš straha?

PROLAZNICIMA

Ako vidite mog dragog
s čempresom na glavi
neka vas to ne zaustavi
u sjeni njegova hlada blagog,
tu on misli samo o meni,
neka vas to ne zbuni...

vi pođite dalje

i ne pitajte
zašto on nosi ogrlicu
od slonove kosti -
- on išao je daleko
da me zaboravi,
suvenir je to odtamo
i nije na prodaju,
jer bol se ne prodaje.

Ako sretnete mog dragog
ne kažite mu zdravo,
taj pozdrav je kucanje gluho
na mala vrata između dva brda...
jedno se drugome nada,
a jedno u drugo gleda,
ne, ne čuju vas i ne vide ona..

LJETO JEDNOG MUŠKARCA

Sunce se samouvjereno klati
na ljuljašci od jutra do večeri
i prži sve što se može spržiti,
ovo je vrijeme njegovo...

a on je došao kao muškarac,
iako je kiša trebao biti ,
on uvijek radi sve pogrešno,
osušenog cvijeća vijenac
s kojim sam ga čekala
dokaz je mojoj tugi

Kiša ili sunce sad sve isto je
i vijenac sam bacila niz rijeku,
taj muškarac koji kiša nikad nije
ne treba mi

i sunce nastavi svoj put...

PROPUH

on zagrlio je cestu
i cesta je zagrlila njega

on tijela ozebloga, gologa,
cesta bez kraja poznatoga

oni šetali su tako
voleći se jako, jako..

kod brda
on postao je tunel
da bi ona proći mogla

on ostao je tunel
pogleda prazna, prazna
za njom koja je tu prošla,
davno prošla

i propuh je....

JEDNO CIJELO

Kad vežu luđaka
u luđačku košulju,
a on je već svezan
u psihu svoju

i šavovi se odšivaju
i kragne pucaju
i tlo nestaje
i klupko se odmotaje
i to klupko
na početku kraja,
a početak svoj traži
da bi opet
jedno cijelo bilo...

samo bacite luđačke košulje!

PREPARIRANE PTICE

Sreli smo se u bašči
moćnih careva i carica,
a bili smo samo sluge
oholosti, rasipnosti,
bez duše utjelovljenja
i vrijedno posta nevrijedno....

Tražeći se očima
vidjeli smo
zelenu krošnju,
zelenu rijeku,
zeleno nebo,
zelenu maglu
i postali
preparirane ptice,
exemplari optimizma,
u zavičajnom muzeju
za buduće generacije,

a sve zapravo sivo bilo je....

OGLEDALO ANĐELA

Stari Anđele Staroga Svijeta
zašto nisi ispunio obećanja svoja,
velika je, razorna je zla flota
građena stablima siromaha,
a moć je uzdah straha
kog čuješ prije rata,
zar je to opet namjera tvoja...

Stari Anđele Staroga Svijeta
ja ne izgovaram ime tvoje...

DISONANCA

Čovjek bi htio

dva brda posvađati

zbog neke rijeke

što tu šumori,

a ona je tu zbog

brda obadva

zbog šume kada žeđa,

zbog šume kada gori...

NIJE MI STALO

Nije mi stalo!
škripom svojom
ponavlja limeni oroz
sa krova vjetru,
i vjetar je sve jači,
drskiji,
bez srama..
Nije mi stalo!
nonšalantno izgovaraš,
sve da je i pastor
oženio časnu sestru...
Nije mi stalo!
čak i ako je voliš
i ona je tvoja žena,
nije mi stalo -
-riječi su smrti,
koje netko drugi
izgovara u tebi.

i limeni oroz je pao sa krova
i pastor je oženio časnu sestru
i on je voli
al nije ti stalo
već si polumrtava
nije mi stalo-
-izgovara netko drugi u tebi

SLADOLED ZA DVOJE

I sve po nekoj mustri
linija , točka, krug
svezani zajedno
u vrijeme prostori
na velikoj cesti,
na daleki put

putuju strasti...

I sve od velike strasti,
sočnog sladoleda za dvoje,
zanjiše se nebo
strijlicom Kupidona
zalutale u grudi naše

i nema kraja,
linija, točka, krug...

OBEĆANA ZEMLJA

Možda je ta zemlja rijetka,
zemlja što rađa
čak iz nesmotrenog koraka,
iz nadolazećih kiša,
dana i noći rastanka,

ni iz čega

u njoj

nešto

nastaje,

to je Obećana Zemlja,

samo zubi joj
postadoše oštri,
a srce zato krvavo...

BONAPARTA

Imam dva ljubavnika
jedan je blizu,
a drugi daleko,
jedan me voli danju,
a drugi mi ne da spavati noću,
ovaj prvi je dosadan,
drugi nedostižan.

Na koji način se još može umrijeti,
osim od mača,
znali su dobro
Žozefin i Bonaparta...

KALEIDOSKOP

Otišao je na put
s kog se neće vratiti,
ostavio nam očne duplje
sa vasionom ispuniti,

a mrak je i dalje,

mrak jedna nepoznanica
već na samrti...

Zijevaju očne duplje
u tišini svoga straha,
a strah ni da se mrdne
i tišina je bez daha....
tu ograda stoji,
ograda crna,
ograda bijela,

crnobijeli kaleidoskop
apartheida...

PROVIĐENJE

Usnila sam strašan san -
– na javi sam netko drugi postala –
te se nisam probuditi htjela
do kraja mog starog života,
slatko sam spavala,
tako sam proviđenje
moje ispunila,
između sna i jave
u ključaonicu se pretvorila
i javu špijunirala,
na sudu nju i državu optužila
za mojih snova izdaju...

MOĆ

O zatvorenoj kutiji
razmišljamo stalno
o njenoj rezonanci, o tajni
i mislimo
u njoj je nešto dragocjeno
jako, jako puno
ili možda skroz prazno...
Moćna je ona,
sve dok nemamo ključ njen
bit ćemo zatvorenicima
slobodnog tijela,
naših misli u lancima
i na svim putevima,
i onima jako udaljenima,
mi mislit ćemo stalno
o zatvorenoj kutiji,
moćna je ona!

BOL NAŠ SVAGDAŠNJI

Kad se udaljavam
od svijeta
na dalek put taj
ponesem
njegov oštar trn,
s njim mogu opet
da se vratim,
s njim sam opet brazda,
oranica, plug,
u grmu zvijezda
crn, ugašen lug,

bol naš svagdašnji...

MALENI

Dokazao si maleni
da još si klinac,
ali i precizni strijelac
usamljenih srca
što vise na odrini
sa grožđem...
Tvoje me oči svuda prate,
ali kad ih sretnem
ja ih ne poznajem,
brzo se mijenjaš maleni
možda zbog prošlih par godina,
godišnjih doba,
ljubavnih razočarenja
ili zbog naših susreta
iz prošloga života
u kojima si drugačiji bio...
Zašto si me napustio maleni,
baš si pravi klinac...

ADAĐO

Nisi uhvatio pticu
u njenom letu,
a sad ona pala je,
sad pala je...

Ne možeš je više naći
dječače,
a ona negdje je
ona je negdje...
možda u šumi,
možda u hladnom jezeru,

ti ne znaš
da si je pogodio

baš u srce,
u srce baš
i umrla je
sa strahom u očima

baš bez tebe
zbog tebe baš
nevaljali dječače

samo oblak uplakan
pade ničice
pred tebe,
baš pred tebe...

IVER

Pravi pjesnik i pijanac
znaju razloge svog pijanstva,
potonuća i samoubojstva,
oni razumiju zašto riba mnoštva,
rituale dobrovoljne zamke ropstva,
u mreže uhvaćena narodna naiva
i stoljeća preživjeti može

od velikog broda
to je iver samo

Pravi pjesnik i pijanac
duhom slobodni su isto tako...

ŠUMSKA IDILA

Sanjala sam da se
po mom tijelu šećeš,
a ono je šuma tvoja.

Svijao si grane
i brao si cvijeće,
u korake lagane
upletao stih.

Svidjelo mi se,
al ništa ti nisam rekla.

I ptice i potok
pričali su s tobom
tebi jezikom nerazumnim,
a ja ništa ti nisam rekla...

Sanjala sam da se
po mom tijelu šećeš,
a ono je šuma tvoja.

IGRA LEPTIROVA

Srest ćemo se jednom
u aleji gradskog parka,
dugog drvoreda
udahnuti krošnje,
udisat će one
sa nama duboko
i ptice i granje
od ushićenja
poletjeti
visoko,
visoko...

To sve što će možda biti
želimo si već sada,
no treba nam umišljaj
uplašenih leptirova,
što titranjem krila
prah svoj prosipaju,
da sve je samo igra,
igra bez kraja
i riziko slatki...

PROBUDI ME...

Nevine su noći
u kojima snijeg pada
umire sve što tinja,
a klica se vješto skriva
i kasnije ona opet rađa...

Gluhoh li doba,
laje pas
sam, napušten, na ulici,
možda ćeš ga k sebi uzeti,
vani je zima,
hoće li pas uginuti...
budi Bog
u noći padajućeg snijega,
život i smrt,
sreća i nesreća
jedno pored drugoga,
a noć je bijela,
bijela bez tragova

probudi me
iz tog sna nevinoga
tragove da pratim...

BOSANSKA SUZA

Drvo izraste veće od planine,
te se planina stropoštala,
u blato i mulj se pretvorila,
ljudskim glasom zajecala.

Zar je to čovjek
ta planina žalosna,
sad mulj riječna
nabujala,

koja je to zemlja
opet
morem postala

zar je to Bosna
suzu pustila...

PROKLETO SUNCE

Budi oprezno
u svome hodu Sunce,
mnogima si bol zadalo
i kad si tu bilo
i kad si zakasnilo.

Sakrij se,
osluškuj,
istina je!

Kada umreš Sunce
tamni krater u svemiru bit ćeš,
grob na kome pisat će-
-zašto ne sijaš
Sunce prokleto?!

Uzalud je bio sav tvoj sjaj...

STARAC I MLADIĆ

Preruši se u starca sijedog

i priđi mi kao da je prvi put.

Voljet ću te baš takvog

kroz perivoje svijetla i sjene

i još više i strasnije,

jer tad se to usuđujem

i smijem

mladiću moj.

ČUDNA PJESMA

Gledaj i čudi se,
čuđenje je
torzo svega
onaj
kome izrastu ruke
i noge,
iz čuđenja se
novo biće rađa.

Gledaj i čudi se,
promijenit ćeš svijet
samo čudeći se
i ovaj sada
i taj skriveni,
neki daleki,
zaboravljeni,
zaspali
u mraku tvoje sobe,
rječiti svijet fresaka
zreo za restauraciju
sa suzama od krvi,
sa suzama za čuđenje....

ORATOR

Bit ćeš original
za svoga života,
a plagijat tek poslije,
nakon 100 godina
tvoga mučnoga posta
od riječi slatkih, slanih,
gorkih i onih ljutih,
mudrih,
rascvalih
poput cvjetova
na tvome grobu,
a umjesto tvoga imena
i pametnog epitafa,
na tvojoj nadgrobnoj ploči,
stajat će samo-
-Orator u urni...

zar je vrijedio
sav tvoj trud?

SESTRA

Poželila sam rijeke
zelene, smeđe, plave
da za trenutak one
odnesu oči u ruke
neke struje jake ...
Poželila sam rijeke
njihove krajeve i početke,
ušća i pritoke kad poplave,
milione malih ptica
iznad Dunava, Drave,Save...

Poželila sam rijeke
što žure jednom moru
i sve je jednom
kod njih tako
nikad kasno,
uvijek na početku,
jako poznato
u kiši
jedinoj iskrenoj sestri...

Poželila sam rijeke....

VREMENSKI RASKORAK

Teško sam naučila
ovozemaljski govor,
polako padajući
sa Planete Ljubavi
čak 50 godina...

Sletanje je bilo bolno,
a tvoja ruka nježna,

barem nešto utješno...

Pitao si me
da li bih htjela
da rastem kao plima,
pupam kao ruža,
zrijem kao voće...

Da,htjela bih,
kad bi sad opet
bio tu osmijeh tvoj,

to je taj govor
meni već poznat...
da,to bih htjela.

BEZIMENA

Gledajući za tobom

izgubila sam glavu
u visokoj travi
kroz koju si ti prošao

i još je tražim.

Sad nebo razapinjem
između dva sumraka
i sa njim jedrim,

na njemu je
jedno oko moje

MOJ SIN

Vidim kako

dijete jaše lava

i to dijete Sin je moj...

Vidim kako na njemu,

na lavu spava,

on prijatelj je njegov...

Vidim kako

san postaje java,

o ljubljeni Sine moj!

ZIMSKI BLUZ

Tamo gdje bi Panonsko more
osta teško, teško sidro broda,
pa veliku ravnicu sada ore
to namjena je njegova od Boga,
i ono to zna...

Da će ljudi jednom ribe postat,
koje se i bez riječi razumiju,
preko noći more do neba narast,
a sidro će se opet negdje zabost,
dugo, dugo spavat,
to namjena je njegova od Boga,
i ono to zna,
no, sad još uvijek,
teško je...

PRZNICA

Znam još jednom ću
počiniti emocionalno
samoubojstvo
i goniča lovačkih pasa
nazvati – Božanstvo,
zbog svih ubijenih ptica
koje su letjele bez mene,
zbog svih dana
u kojima je on
zaboravio na mene,
zbog svih letova
na kojima nismo
zajedno bili...

takva prznica kao ja
rijetko se rađa.

STARAC I MORE

Nemoj se plašiti
tijelo moje
kad budem
od tebe odlazio,
ti si sad težak,željezni
oklop moj...

Ima nekih drugih
slatkih užitaka
tobom zarobljenih,
pritoka rijeka,
širine mora ovog...
Sunce to vidi,zna...

Šaptači smrti tvoje
gutači su vatre
iz cirkuske
smiješne predstave...

Star sam,
a samo mlado tijelo
doista umrijeti može,
dolazim ti moje more...

FLUID

Na tvom vrelom dlanu
roj zbunjenih pčela
što u ljetno jutro
poliječu ka suncu,
začeću novog svijeta,
razlogu za osmijeh.

Osmijehni se
i zamisli
da sve već desilo se,
a desilo se nije,
zauvijek zaspimo
u sparnoj noći,
poput smole zalijepljene
po košmarnim
snovima mornara,

zaspimo
u najezdi roja
zbunjenih pčela,
u snu koji još
desio se nije...

PRELAMANJE SVJETLOSTI

Što je to iza tebe,
teška crna zavjesa,
lak, proziran zrak
ili prelamanje svjetlosti,
koja traži svoj put .

Ugrađeni kamen
u njoj sam postala,
bez smijeha,
bez boli,
bez ljubavi ,
ni suze mu ne priliče,
ima li još puta...

PRIVIĐENJE

Učini mi se-
- koračam kroz samu sebe,
laka poput pera,
što se nad ledenim
bunarom
dvoumi...

Učini mi se -
- kroz ćud besane noć
padam
i ti u njoj
moja
postelja si...

Učini mi se,
al sad već kasno je
škripava vrata
iz inata
otvoriti...

Kažeš imam zao pogled,
al njega sam nasljedila
i hod i građu tijela,
nisam kriva ni za šta,
od taloga sam postala,
taloga smisla i besmisla...
***

Budi pitoma sudbino,
skini ljusku s mjeseca,
sve njene mutne slike
u očima tvojim...

POGOVOR

Osvrt na pročitano. Pretežito misaone (refleksive) pjesme Jadranke Ivanović Bolog prije svega su jedna široka tematska lepeza u kojoj će zasigurno svaki čitatelj otkriti pokoju za sebe u ponekim i sebe.
 Jadrankina poezija se odlikuje svojom jezičnom jednostavnošću i razumljivošću. U svojim pjesmama znalački bira pravu riječ i pjesničku sliku na pravom mjestu. Uspjela je izgraditi vlastiti, neovisan, stil po kojem će pozorni čitatelj između deset pjesama različitih autora- pogoditi njezinu što je najviša ocjena svakom tko piše. Samo takvi postaju i ostaju istinski stvaratelji među književno ljubiteljima pisane riječi.
 Ova zbirka namijenjena je svima koji mogu gledati put neba i spustiti pogled prema zemlji. Autorica usprkos svojoj zrelosti, ostaje gotovo djetinje radoznala kad ispituje vrijednosti življenja i međuljudskih iskrenih osjećaja.
 Ova zbirka uzdiže ljudskost i bliskost, te nas tako nuka da se uvijek iznova preispitujemo i tako postanemo bolji i sadržajniji, osjećajniji i obazriviji.
Većina stihova godi čitateljima, umornim od prizemnosti materijalne i sive svakodnevice.

Najčešći osjećaj je ljubav, koja je danas toliko proturječna, kako samo Ljubav može biti. Ona je po svojoj prirodi i čarolija prirodnog, duhovnog i emocionalnog dijela ljudskog bića. Čarolija neopazice prolazećih sati, dok brzo curi vrijeme među prstima, dok žarko želiš da druženje sa sočnim i doživljenim stihovima nikad ne prestane. Kako joj to uspijeva? Jednostavno. Nema stresa, nema straha, cinizma, uvriježenog nam licemjerja. Dok u ovim čudnim vremenima, plaćamo danak lažnim vrijednostima, umišljenim umjetnicima prepotentnim egoistima Jadranka ima komotno utočište po mjeri ljudskog srca, iskreno, nenametljivo, ali ipak odlučno. Njene su pjesme pohvala diskreciji,profinjenosti dobra ukusa.
 Pjesme koje o ljubavi kazuju ne podižu temu na razinu vječnosti već vrijednost sadašnjeg trenutka. U svojim ljubavnim pjesmama ne zanosi se pjevajući himne najvećem od svih osjećaja, već ga predstavlja posve realno.
 Stoga će mnogi dijeliti njezine stavove, prepoznajući svakodnevne situacije i one sitne, istinske radosti o kojima mnogi govore, a tako im rijetko posvećuju pozornost.

Stoga, otvorili bilo koju stranicu, nasumce, budimo zahvalni pjesnikinji za ugodne trenutke druženja, jer nam svojim pjesmama nudi otkrivanje zajedničkih obzorja toliko bliskim ljudima; pjesmama koje slikaju život sa svim svojim licima i naličjima, ali nude i toliko svima potrebne nade u dobro.

Prof. Josip Prudeus, hrvatski književnik

Samobor, Hrvatska

kolovoz, 2014.

SADRŽAJ

2. Nesanica
3. Jeka
4. Gigant
5. Perje
6. Ne zaboravi
7. Opticka varka
8. Ti i Ja
9. Znak Babilona
10. Jezik kojim govorimo
11. Žrvanj
12. Put soli
13. Bezramen
14. Siromašni i prljavi
15. Jahač mjeseca
16. Čežnja za ponorom
17. Ti i sunce
18. Zima jednog jelena
19. Crveni makovi
20. Triumf Venusa
21. Otuđenje gena
22. Prolaznicima
23. Ljeto jednog muškarca
24. Propuh
25. Jedno cijelo
26. Preparirane ptice
27. Ogledalo anđela
28. Disonanca
29. Nije mi stalo
30. Sladoled za dvoje
31. Obećana zemlja

32. Bonaparta
33. Kaleidoskop
34. Proviđenje
35. Moć
36. Bol naš svagdašnji
37. Maleni
38. Adađo
39. Iver
40. Šumska idila
41. Igra leptirova
42. Probudi me
43. Bosanska suza
44. Prokleto sunce
45. Starac i mladić
46. Čudna pjesma
47. Orator
48. Sestra
49. Vremenski raskorak
50. Bezimena
51. Moj sin
52. Zimski bluz
53. Prznica
54. Starac i more
55. Fluid
56. Prelamanje svjetlosti
57. Priviđenje